DIARIO DE VIAJE: CAMINOS DE LAVA

ExLibric

SORAYA RAMÍREZ

DIARIO DE VIAJE:
CAMINOS DE LAVA

EXLIBRIC
ANTEQUERA 2025

DIARIO DE VIAJE: CAMINOS DE LAVA
© Soraya Ramírez
Diseño de portada: Dpto. de Diseño Gráfico Exlibric

Iª edición

© ExLibric, 2025.

Editado por: ExLibric
c/ Cueva de Viera, 2, Local 3
Centro Negocios CADI
29200 Antequera (Málaga)
Teléfono: 952 70 60 04
Fax: 952 84 55 03
Correo electrónico: exlibric@exlibric.com
Internet: www.exlibric.com

ISBN: 979-13-87707-33-0
Depósito Legal: MA-538-2025

Impresión: PODiPrint
Impreso en Andalucía – España

Nota de la editorial: ExLibric pertenece a Innovación y Cualificación S. L.

SORAYA RAMÍREZ

DIARIO DE VIAJE: CAMINOS DE LAVA

Queridos lectores:

Quiero compartir con todos vosotros mi experiencia en La Palma, una joya natural llena de encanto y diversidad. Esta no es una simple guía donde pretendo enumerar los lugares que visité, sino un diario de viaje enriquecido con mis vivencias y pensado exclusivamente para que os enamoréis de ella como lo hice yo.

En este diario, me dirijo a mi amigo Álex, narrándole día a día mis descubrimientos y momentos especiales. Aunque las historias están escritas para él, mi intención es que cada uno de vosotros se sienta como si fuera parte de esta conversación íntima y personal.

Mi objetivo es mostrar la esencia de la isla: sus paisajes, su gente y la importancia de respetar y proteger nuestro entorno natural.

La Palma, también conocida cariñosamente como «La Isla Bonita», es un lugar donde cada momento es una aventura, y cada encuentro, una historia que contar. Durante mi estancia, tuve la oportunidad de conocer sus pueblos, me cautivé con su rica gastronomía y me maravillé con su imponente naturaleza y el encanto único de su herencia cultural.

Pero más allá de sus lugares emblemáticos, pude aprender y apreciar la calidez y hospitalidad de sus habitantes, los cuales están profundamente conectados con su tierra. En este relato pretendo llegar a cada uno de vosotros, mis queridos amigos, desde perspectivas diferentes y que podáis descubrir sus tesoros más escondidos a través de mis ojos y sentirla como si estuvierais allí. No dudo que será una experiencia que despertará todos los sentidos y dejará una huella imborrable en esos corazones viajeros.

Además, en los tiempos que corren es fundamental entender la importancia de nuestros entornos y La Palma es un buen ejemplo de sostenibilidad y respeto por la naturaleza. A lo largo de mi viaje, me he encontrado con iniciativas locales que promueven la conservación y la agricultura ecológica. Espero que estas experiencias os inspiren a ser viajeros responsables y conscientes.

Bienvenidos a mi guía/diario de La Palma, donde cada página es una invitación a explorar y respetar esta increíble isla.

Con cariño,

Crónicas de La Palma

DÍA

PREPARATIVOS Y LLEGADA
A LA ISLA

01

01 El comienzo de una travesía memorable

Querido Álex:

La ilusión de embarcarse en un nuevo viaje siempre comienza mucho antes incluso de coger un avión. Por fin me decido a contarte esta aventura que tanto hemos esperado. Me encanta que estés al otro lado, la verdad es que es reconfortarte saber que vas a compartir esta historia con alguien que tiene los mismos gustos e ilusión por conocer nuestro último destino, La Palma.

Ya sabes que no he ido sola todo este tiempo, me acompaña Marc, y no sabría decirte quién está más emocionado de los dos. Sería mentir si no digo que desde hace semanas estamos organizando cada detalle de este viaje. Los preparativos, aunque a veces estresantes, también forman parte de esta experiencia. Queríamos asegurarnos de que todo salía según lo esperado y no nos llevásemos ninguna sorpresa desagradable cuando llegáramos.

Investigación sobre el destino

Tuvimos que hacer una investigación sobre el destino, así que me sumergí entre guías de viajes, blogs y mapas durante semanas; para mí, es como abrir un libro de fantasía y creerme la protagonista de su siguiente capítulo. Me envuelvo en esa anticipación donde la mente viaja antes que el cuerpo y ya comienzo a vivirlo intensamente. Visualizo sus tremendos paisajes, puedo respirar el aroma de sus platos que entran por los ojos sin pedir permiso y me imagino los sonidos de una naturaleza callada.

Necesitábamos conocer su clima, pues aunque todos tenemos en mente que las islas Canarias son un paraíso de temperaturas suaves donde viven en una primavera eterna, tenía entendido que al tener zonas montañosas e influencia de sus vientos alisios, se creaban zonas con microclimas.

Imagina pasar en un solo día de la niebla y un ambiente fresco en la montaña a un cálido y soleado día en los paisajes del sur. Para muchas personas quizá esto sea un inconveniente; para mí, sin duda, es parte del encanto de La Palma. Como sabrás, esta es muy conocida por sus paisajes volcánicos y sus kilométricos senderos, así que priorizamos la ropa cómoda y equipo de senderismo para no llevar cosas innecesarias y así evitar el exceso de peso. Lo reconozco, en esto siempre gana Marc, es mucho más organizado y eficiente. ¡A mí siempre me cuesta más decidir qué llevar!

Mi cosquilleo en el estómago llegó realmente cuando coloqué el último libro que me estaba leyendo, *Nada que decir*, esperando tener algún ratito de calma para poder seguir.

> Lo esencial para explorar: chaqueta impermeable para las zonas húmedas, botas de montaña, gorra y protección solar. Sabía que era lo indispensable para este destino.

Mi cámara de fotos que me acompaña en cada viaje para inmortalizar aquellos recuerdos que a veces, con el tiempo, se van disipando. Y, cómo no, mi diario de viaje, ese que me ayudará a recolocar mis ideas y mantendrá vivos aquellos detalles que, sin él, acabarían pasando desapercibidos.

Planificación logística

Debo confesar que la planificación logística fue más sencilla de lo esperado. A pesar de ser una isla del archipiélago canario, a diferencia de sus islas hermanas como Lanzarote, Gran Canaria o Tenerife, corre la suerte de no estar tan masificada, y digo suerte porque, en mi opinión, a ellas no se las ha tratado con tanto amor y respeto como se merecen en los últimos años. Pero bueno, eso será otro tema que me gustaría contarte más tarde, no adelantemos acontecimientos.

La elección del vuelo, fechas y un alojamiento apropiado es como componer una melodía perfecta. Cada detalle cuenta, desde la hora de salida hasta la compañía aérea que elijas.

Nosotros viajamos muy temprano desde la Terminal 4 del Aeropuerto de Adolfo Suárez Madrid-Barajas. Qué nombre tan largo y agotador, la verdad. Para nosotros siempre seguirá siendo Barajas.

«Aún no ha amanecido, pero la entrada al aeropuerto con ese bullicio y tráfico que le caracteriza es el preludio a esta gran aventura. Maletas rodando, anuncios en distintos idiomas y el ir y venir de viajeros es algo que me pierde en mis pensamientos. Desde pequeña me encanta imaginar a dónde van o si a su vuelta ese viaje ha sido tan gratificante como esperaban.

Filas y más filas de viajeros esperando turno para facturar sus maletas y cruzando los dedos para que lleguen bien a su destino. Control de seguridad, dos amigas conversan detrás de mí comentando los nervios por su viaje; volar siempre da un poquito de miedo, decían. Quizá no es miedo, sino la sensación de que siempre el próximo vuelo es el más esperado. Tomamos un café, diría que ya es como un ritual antes de subir al avión. Por delante tan solo nos esperan dos horas y media de viaje, está chupado».

Elegimos volar con Iberia Express, había otras opciones pero esta nos pareció más barata y con vuelo a primera hora. Te dejo más información donde buscar vuelos.

Preparar el viaje ya es una aventura en sí misma. Carga tu maleta de ilusiones y ven dispuesto a enamorarte de La Palma. No te apresures, pues esta isla es para disfrutarla con calma. Tómate tu tiempo para explorar todos sus rincones. Embriágate de la hospitalidad de los locales y acepta sus valiosos consejos. Sé consciente de tu impacto ambiental y trátalo como tu hogar.

> *El vuelo presumía ser tranquilo y así fue. Tuve tiempo de tomar unas anotaciones en mi diario y cerrar los ojos para descansar. En ese momento de trance donde la realidad se difumina con los sueños, me sobresalté por las risas distantes entre dos de sus azafatos. Aunque sus voces eran suaves, se distinguían claramente en el ambiente sereno de la cabina. Al principio, intenté no prestar demasiada atención, no quería parecer una cotilla. Sin embargo, la jovialidad de sus voces me hizo prever que era la primera vez que se veían. Compartían anécdotas de sus vuelos y experiencias. Por un momento disfruté de la conexión con la vida de aquellos que hacen posible que nuestros viajes se hagan realidad.*

Llegada a la isla

Me encanta esa sensación de volver atrás en el tiempo. Volvían a ser las 9:30 a. m, hora insular, tenía otra oportunidad para aprovechar. Como si hubieran cancelado el verano, al bajar del avión noté esa brisa fresca de la que tanto había escuchado hablar.

No te lo he dicho aún, es la segunda quincena de junio, según muchos el mejor mes, junto con mayo, para apreciar la espectacular flora de sus parajes. Al entrar al aeropuerto de Santa Cruz de La Palma para esperar nuestras maletas, lo más llamativo fue su tranquilidad y ese ambiente relajado que, más tarde, supe que caracterizaba a los palmeros.

Con las maletas intactas, nos dirigimos a recoger nuestro coche. Hay muchas opciones para recorrer la isla y aunque su orografía no lo pone fácil, es la mejor manera de aprovechar tu estancia.

Nosotros optamos por la empresa canaria Top Car; sin embargo, he de puntualizar que la suculenta oferta que nos atrajo hace meses (en marzo) se quedó en nada cuando a la llegada a sus oficinas nos encontramos que ahora, por el mismo vehículo, era la mitad de lo que habíamos pagado. A veces suerte, a veces no, esta vez pecamos de precavidos y salió mal la jugada.

Seremos más hábiles la próxima vez. Tú toma nota y sé prudente.

FRENTE A NOSOTROS SE ABRÍA UNA HILERA CON ALGUNAS DE LAS COMPAÑÍAS DE ALQUILER DE COCHES CON LAS QUE CONTABA LA ISLA. CICAR, EUROPCAR, HERTZ SON SOLO ALGUNOS DE LOS COLORIDOS LETREROS QUE PODÍA LEER.

AQUÍ TE DEJO UN BUSCADOR DE COCHES DE ALQUILER

66

Nos ponemos en marcha, pues aún es temprano y tenemos todo el día para aprovechar. El motor de nuestro pequeño Kia Río arrancó con un ronroneo suave. La carretera se desplegaba ante nosotros, flanqueada por unos paisajes verdes que se extendían hasta donde alcanzaba la vista.

Cada curva revelaba un nuevo paisaje, desde extensos campos de plataneras hasta los prometedores miradores que ofrecían impresionantes vistas al océano. Después de unos treinta minutos y en un trayecto que se sentía como un paseo por el paraíso verde, llegamos a nuestro alojamiento.

El alojamiento

Una encantadora casita nos esperaba, enclavada en un entorno tranquilo y rodeado de naturaleza. Nos bajamos del coche, respirando profundamente el aire fresco y puro. Ya comenzábamos a sentir la magia de La Palma envolviéndonos. Con una sonrisa de oreja a oreja, descargamos las maletas y nos dirigimos al interior. El murmullo del viento en los árboles y el suave sonido de los pájaros nos dieron la bienvenida al que sería nuestro nuevo hogar lejos de casa.

De repente, sin previo aviso y mientras disfrutábamos de la piscina, notamos la presencia de alguien que se acercaba. Era una mujer mayor, de rostro amable y caminar pausado.

—Hola. ¿Cómo están? Han llegado hoy, ¿verdad? —nos preguntó.

—Sí, hace un ratito —contestó Marc.

Comenzamos a charlar con ella. Nos contó que era la madre del dueño, se llamaba Teresa, por lo que dedujimos de dónde venía el nombre del alojamiento turístico, Casa Teresa.

En la misma finca se encontraban tres viviendas, la nuestra era la última, la número tres. Una casita con un color anaranjado, uno de los tantos colores típicos de la arquitectura canaria. La llave estaba puesta por detrás. Desde la ventana, se desplegaba ante nuestros ojos la majestuosa Caldera de Taburiente, un espacio natural protegido de origen volcánico. Justo abajo, en el jardín de la casa, una piscina donde se reflejaba el azul intenso del cielo nos prometía un refrescante y relajante baño después del viaje, que más tarde nos dimos.

Su presencia tenía algo reconfortante, como si estuviera hablando con mi abuela, casualidad que también tenía su mismo nombre.

Comenzamos a hablar sobre el tiempo, un tema muy recurrente. Nos confesó que, aunque están acostumbrados a este tiempo tan cambiante, les extrañaba que durase tanto. Nos contó que El Paso, municipio en el que nos encontrábamos, es de esos lugares que cuando hace calor, hace mucho calor, y que cuando hace frío, hace mucho frío. Siguió compartiendo con nosotros la historia de la casa y hasta las anécdotas que había vivido unos días antes en las fiestas de San Antonio del Monte, en el municipio de Garafía. Unas fiestas homenaje a las tradiciones agroganaderas. Con ese brillo en los ojos como cuando un niño te cuenta su última aventura en la escuela, nos narraba asombrada la gran asistencia que tuvo la feria.

Exhibición de animales, procesión y hasta concursos de quesos y vinos los entretuvo hasta bien entrada la noche. Nos quedamos con las ganas de asistir, pero no así, sin la invitación de Teresa a visitarles el próximo año.

Aunque cada zona de la isla tiene algo especial, me alegré de haber elegido este lugar, no solo por ese entorno tan maravilloso, sino también porque esta área fue una de las más afectadas por la última erupción volcánica. Ya sabes, mi gran motivación para venir hasta aquí fue, en parte, por ese evento tan devastador. Quería saber y conocer un poco más sobre su recuperación tras casi tres años del suceso y, sobre todo, las vivencias de sus vecinos. Alojándonos en estas viviendas turísticas, somos testigos y partícipes de la recuperación económica de la zona.

Si te interesa Casa Teresa u otros alojamientos turísticos, aquí puedes acceder:

Hacia el sur de la isla

Después de una ducha y una buena puesta a punto, decidimos que el día de hoy sería para saborearlo, no teníamos prisa. Con las mochilas listas y la cámara en mano, nos dirigimos hacia la zona sur. Dominada por antiguos volcanes y playas de arena negra, esta zona ofrece un escenario espectacular.

Playa de Echantive

Antes de llegar al que sería nuestro destino, hicimos una parada en la *Playa de Echantive*.

Convertida en un referente para los bañistas en la zona del litoral de Fuencaliente, muestra un aspecto típicamente volcánico ya que fue originado por la lava de la erupción del volcán del Teneguía en 1971. Durante nuestro paseo, nos detuvimos ante lo que es su joya escondida, el conocido por todos los palmeros como *El Charco Verde*. Entre el reflejo de sus aguas se percibían las formaciones rocosas del entorno, que con esa claridad y misterio ejercían un poder de atracción que invitaba al baño.

Sin embargo, esta vez no nos dejamos sucumbir. El cielo comenzó a tornarse en un gris suave y sentimos un leve chispeo, por lo que aprovechamos para darnos un paseo por la orilla, apenas perturbada por la presencia de turistas. Nos deleitamos con la tranquilidad de la playa desierta y el murmullo de sus olas, siendo conscientes de la suerte que teníamos de este lujo que, últimamente, es difícil de encontrar en casi cualquier destino turístico del mundo.

Para Aristóteles la sal era «Tierra Quemada», el compendio de los cuatro elementos: la tierra, el agua, el fuego y el viento.

Las Salinas de Fuencaliente, lugar de contrastes entre el blanco de las salinas y el negro de la lava. Incluido en uno de los programas más importantes de la UNESCO, este complejo salinero surge de una labor artesanal de extracción de sal marina que ha pasado de generación en generación. No solo es la importancia económica que deja a este lado de la isla, sino su parte científica. Me gustaría que supieras que está declarado como Sitio de Interés Científico, y no es para menos, ya que es de los pocos humedales que existen en Canarias y, como si de un imán se tratase, atrae a las aves que hacen una parada durante su largo viaje migratorio. Un ecosistema peculiar que deja una estampa de esas que se mantienen en la retina durante mucho tiempo.

Y no te voy a mentir, aunque a este lugar llegamos por sus inmejorables vistas, el hambre ya comenzaba a acechar y, afortunadamente, habíamos reservado una mesa en la terraza al aire libre de la cafetería El Jardín de la Sal. Su ubicación privilegiada y su queso asado con mojo eran solo el entrante de la tarde que pasamos allí. Sonaba de fondo la canción *Wild World*, muy apropiada para este entorno y para sumergirte en la contemplación personal. Nos enamoramos de la tarta de queso «a su manera», como nos aclaró el camarero. Con un toque de flor de sal de cardamomo verde, no es de extrañar que su legado familiar esté estrechamente ligado a la actividad salinera, ya que se hace notar en cada uno de sus platos. Diría que es de esos lugares que invitan a dejar volar la imaginación y encontrar la musa para escribir.

Antes de dejar el local, entramos en su tienda, donde descubrimos un poco más de su historia y la gran variedad de productos locales que allí se encontraban. Nosotros procuramos llevarnos souvenirs que apoyen el trabajo y la cultura de cada región, así que llevarnos sal marina de Teneguía era el símbolo perfecto de nuestra visita a Fuencaliente. Aprender un poco más del proceso de recolección y la calidad de la sal nos hizo sentirnos más conectados aún a este lugar.

No nos queríamos marchar, sabíamos que quizá no tendríamos la oportunidad de volver a esta zona sur de Fuencaliente durante nuestra estancia en La Palma, así que disfrutando de la perfecta armonía entre la naturaleza y la intervención humana, y con el Faro de Fuencaliente de fondo, nos rendimos ante su sublime atardecer. Como un cuadro recién pintado, la luz del sol poniente reflejando en las piscinas de sal creaba un efecto mágico y surrealista poniendo el broche de oro a ese intenso pero emocionante día.

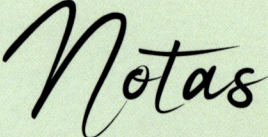

Notas

Anota todo lo imprescindible
para tu viaje

....

....

....

....

....

....

Tu mejor foto del día

DÍA

EXPLORANDO LA FUERZA
DE LA NATURALEZA

02

02 Entre volcanes y buena gente

Querido Álex:

El segundo día lo definiría como agotador pero enriquecedor. Ya sabes que mi locura por los fenómenos naturales, al igual que la tuya, no viene de ahora. Desde que tengo memoria, siempre he sentido esa atracción por los volcanes. Aún recuerdo ese 19 de septiembre del 2021, una nueva erupción en la isla de La Palma hacía saltar las alarmas y poner en el punto de mira a esta isla. Ya era conocida, claro que sí, pero ahora era noticia en todas las portadas físicas y digitales. Comencé a investigar y, aunque me dejé llevar por sus paisajes volcánicos, descubrí todo lo que tenía para ofrecer este lugar. Conocí así la gran historia de sus erupciones y una de las rutas más espectaculares y desafiantes: la Ruta de los Volcanes.

La Ruta de los Volcanes

Esta ruta no solo es una caminata, es un viaje a través del tiempo y la geología de la Tierra. No sé por dónde empezar, así que lo haré desde el principio. Creo que es importante que conozcamos más allá de lo que sucedió hace casi tres años, ya que su poderosa actividad volcánica ha moldeado la isla durante siglos. Caminar por esta ruta significa atravesar paisajes lunares, cráteres imponentes, coladas de lava solidificada y miradores que dejan sin aliento.

El día comenzó temprano, sobre las 8:30 a. m. ya estábamos esperando al guía de la ruta que habíamos contratado con antelación. No íbamos solos, un grupo de unos doce desconocidos se enfrentaba al desafío de recorrer 17,7 km durante aproximadamente nueve horas.

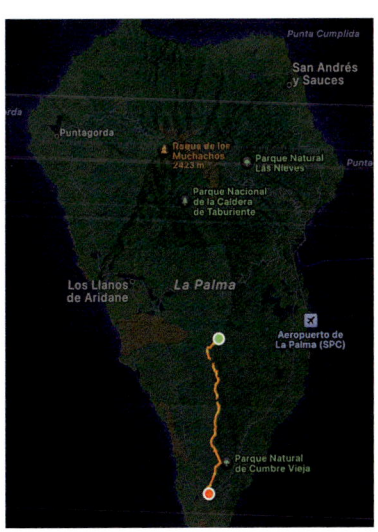

En algunas zonas de la isla, para concienciar a turistas y residentes, tan solo se permite acceder en taxi. Es una manera segura de acceder, ayuda a proteger el entorno y enriquece la experiencia del viajero ya que se vuelve mucho más significativa, sabiendo que, como visitantes, contribuimos a la conservación de este increíble lugar y favorecerá que lo puedan disfrutar generaciones futuras. Tenlo en cuenta, pues esto mismo pasará en otras rutas como La Caldera de Taburiente o Marcos y Cordero.

IMPORTANTE SABER:

Diría que este momento es la antesala a lo que queda por recorrer.

Comienzas a charlar con tus compañeros, que estarán a tu lado más de lo que duraría una jornada laboral. Para todos prometía ser no solo un gran esfuerzo físico, sino también una recompensa visual y espiritual al conectar con la fuerza de la naturaleza.

La ruta comienza desde *El Refugio del Pilar*. Nico, nuestro guía, por sus años, de experiencia en la zona, nos auguraba una buena temperatura para la jornada. Nos explicó que la ruta nos llevaría a través de una cadena de volcanes activos en distintos periodos históricos. Haríamos un ascenso de unos 700 m por zona de pinares, *llegaríamos al pico más alto, conocido como Las Deseadas, a 1949 m (zona volcánica),* para acabar con un descenso de unos 1500 m otra vez entre pinares. Dicho así suena genial, lo difícil era que nuestras piernas y sobre todo nuestras fuerzas no nos fallaran.

Consejos viajeros:

Agua (2 l por persona), crema solar, gorra, palos para caminar

Ruta guiada:

La Palma se forma hace 1,7 millones de años a través de La Caldera de Taburiente. Curiosamente, a pesar de llamarse Cumbre Nueva, corresponde a la parte más antigua de la isla. Por el contrario, toda la zona sur, considerada la más joven, recibe el nombre de Cumbre Vieja. Existe una sola actividad geológica conectada desde La Palma hasta El Hierro. No se habla de volcanes, sino de erupciones volcánicas.

La subida fue dura, no lo vamos a negar. El cansancio se acumula rápidamente, especialmente en algunos tramos más empinados donde la inclinación del terreno parece interminable. A medida que avanzamos, la respiración se hace más pesada. Agradecimos la presencia de los pinos canarios que nos proporcionaron alivio y refugio, gracias a su sombra seguimos nuestro camino sin tirar la toalla. La textura de las cenizas bajo nuestros pies era inconfundible: mezcla de suavidad y resistencia, como caminar sobre una alfombra de polvo negro.

A nuestro paso, Nico nos mostraba cómo la vegetación reclamaba su lugar después de las erupciones.

Hicimos algunas paradas por el camino, menos mal. Entre el silencio callado de la naturaleza se oían algunos jadeos y pisadas cansadas de los compañeros. El grupo era bastante dispar, desde parejas de mediana edad que repetían por cuarta vez esta ruta hasta amigos que venían desde puntos distintos de España y vivían un reencuentro en la isla después de varios años sin verse. Qué especial puede llegar a ser compartir este ratito con personas que, a pesar de no conocerlas hasta esa misma mañana, tienen el mismo entusiasmo y curiosidad por aprender que tú.

El pino canario puede soportar condiciones climáticas extremas, capaz de resistir hasta 1140º a escasos metros de la lava. Gracias a su corteza gruesa y su capacidad de rebrotar, el pino canario es un verdadero superviviente. Se favorece de la lluvia horizontal, nombre que le dan los palmeros a la condensación y que los pinos canarios han sabido aprovechar para mantenerse a lo largo del tiempo. Es la propia resiliencia del paisaje, capaz de recuperarse a pesar de las adversidades.

Justo antes de llegar al primer cráter de la ruta, El Hoyo Negro, el guía nos advertía de que ahora llegaba el tramo más duro, pues ni una sombra nos haría resguardo hasta la hora de almorzar. Nos dio igual, nuestros sentidos en ese momento estaban en alerta máxima: el sonido del viento silbando a través de las formaciones rocosas y esa vista que parecía sacada de otro mundo eran nuestro aliciente para continuar.

Aquí comenzaba la verdadera Ruta de los Volcanes. La experiencia de caminar sobre antiguos volcanes es sobrecogedora, una mezcla entre asombro y respeto, como esa admiración que tiene un hijo hacia su padre, una veneración a ese lugar lleno de sabiduría e historia que te hace sentir como un niño indefenso.

Desde la cima (Las Deseadas) nos sentimos poderosos y, a la vez, insignificantes. A la distancia, hoy las nubes nos permitían divisar el Pico del Teide, de la isla vecina. Pero para mí, sin duda alguna, el cráter del volcán Duraznero es el espectáculo de los volcanes.

El sol radiante permitía apreciar las tonalidades en matices rojo, negro y ocre del volcán Martín, que contrastaban con el azul profundo del cielo.

Las Deseadas

Volcán Duraznero

Volcán Martín

Entre fotos y explicaciones detalladas sobre la geología e historia de la isla, llegamos a la hora del almuerzo, justo a la hora planeada. Nos detuvimos bajo la majestuosidad de los pinos, cuyos troncos altos y esbeltos nos protegían del sol. El ambiente era perfecto para descansar y recargar energías.

El momento del descenso tampoco fue fácil, los pies cansados y maltratados de todo el día ahora tenían la función de aguantar nuestro peso y evitar resbalones. Cada pocos metros notábamos que la arena volcánica se colaba en nuestro calzado, incomodándonos y haciendo parar para vaciarlos. A pesar de la molestia, estas paradas añadieron un toque de aventura y diversión al descenso.

En una de esas paradas, tuvimos un momento surrealista. Mientras seguíamos con paso firme, nos encontramos con un cuervo que parecía mantenerse gracias a la comida de los senderistas. Ya era famoso en la zona, casi más que el mojo picón en las Canarias. El ave pedigüeña nos acompañó durante varios metros, no perdía la oportunidad de insistir en cada paso que dábamos y, aunque por un momento fue gracioso, me recordó la importancia de no alimentar a los animales silvestres. Depender de la comida humana puede hacer perder su capacidad para buscar alimentos por sí solos y sobrevivir en un entorno natural.

La lección aprendida sobre la responsabilidad que tenemos los visitantes de respetar la fauna local y contribuir a su bienestar natural

Los Canarios y Bar La Parada

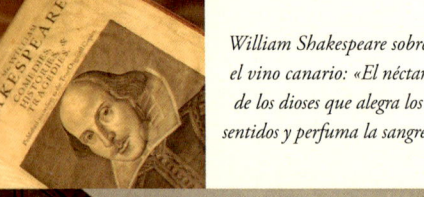

William Shakespeare sobre el vino canario: «El néctar de los dioses que alegra los sentidos y perfuma la sangre»

Tras completar la exigente Ruta de los Volcanes con su desafiante terreno, el grupo llegó al destino con una mezcla de cansancio y satisfacción. La sensación de haber conseguido este reto en menos tiempo de lo esperado, no me escondo, me llenaba de orgullo. Llegamos hasta el municipio de Los Canarios, con el arco iris de sus casas. Nos dejamos caer en el Bar La Parada para descansar y, sobre todo, celebrar nuestra hazaña.

Un tradicional establecimiento, el tipo de bar donde uno se siente como en casa nada más entrar. Tenía un aire de simplicidad y autenticidad que nos recordó a esos pequeños bares de pueblo donde se teje la vida cotidiana de sus vecinos. Nos acomodamos en varias mesas y mientras disfrutábamos de unas merecidas bebidas refrescantes, la conversación fluyó con naturalidad. Además de su hospitalidad, el bar nos ofreció probar uno de los dulces más emblemáticos de la isla, los almendrados. Con su dulce sabor y textura crujiente, no nos extrañó que fueran los mejores de toda La Palma (dicho por palmeros). No pude resistirme a comprar un paquete de ese sencillo pero delicioso dulce. También se pueden comprar vinos como el de Malvasía, de denominación de origen canario. La ruta nos dejó agujetas y paisajes inolvidables, pero, sobre todo, la oportunidad de estrechar lazos y compartir recuerdos imborrables.

A media tarde ya estábamos montados en el coche de vuelta. Lo mejor sería ir a casa, pegarnos una ducha y descansar, pero no fue así. Quien nos conoce sabe que Marc y yo somos incansables y que La Palma es de esos destinos que, aunque con calma, hay que exprimirlos al máximo. La ducha nos la dimos, era necesario quitarnos el polvo y el cansancio de la caminata, pero tan solo fue una breve pausa para continuar el día. Las largas tardes de verano son una invitación a aprovechar hasta la última hora de luz.

La fortuna de alojarnos en El Paso y las ganas de más volcanes hicieron que no perdiéramos la oportunidad de acercarnos al mirador del volcán de Tajogaite, nombrado con este término aborigen, la Montaña Rajada, a la última erupción volcánica de la isla, de la que ya te hablé antes.

Volcán de Tajogaite

Nuestra expectativa era bastante alta. A medida que nos acercábamos, el paisaje se transformaba.
Marc y yo nos miramos, fue un momento compartido de conexión y perplejidad ante la grandeza de la naturaleza. Los ríos de lava que se formaron durante la erupción eran visibles desde nuestra posición. La señalización de «prohibido el paso» nos hacía volver a la realidad y nos recordaba la peligrosidad de acercarse demasiado a esta maravilla natural. La tarde de hoy tan solo sería un acercamiento, mañana te contaré por qué.

TASCA LA BARBANERA

Aunque la estampa del sol poniéndose sobre el horizonte era preciosa, el hambre mandaba y nos dirigimos a cenar a la Tasca Barbanera para seguir apreciando la cocina casera de la isla. Quien me conoce sabe que me gusta explorar los lugares a través de los ojos y las experiencias de los vecinos locales. Fue así como descubrimos este encantador restaurante en El Paso y la mejor manera de culminar nuestro largo día.

La tasca tenía una atmósfera acogedora, decorada con azulejos que añadían un toque de tradición y nostalgia, como las auténticas tabernas españolas. A pesar de ese estilo tan tradicional, no transmitía la sensación de estar pasado de moda o anticuado, más bien de un ambiente contemporáneo. Nos sentamos en una pequeña mesa en un rincón de la sala, estábamos prácticamente solos. Tan solo una pareja al fondo que parecía celebrar una fecha especial: vino, unas flores en un pequeño jarrón y una vela en el centro. Aparté la vista cuando se acercó el camarero, que nos recibió con una genuina sonrisa y nos hizo sentir bienvenidos. Sus recomendaciones fueron acertadas y supo guiarnos hacia platos que estaban fuera de carta. Me quedo con sus croquetas caseras de bacalao y pimientos de piquillo, pero lo que nos llamó la atención fueron sus patatas *pulled pork*. Consistía en unas patatas fritas crujientes y doradas, cubiertas generosamente con carne de cerdo desmenuzada y salsa barbacoa que, sin duda, cumplieron nuestras expectativas.

> ### Consejos viajeros:
> Aunque La Palma no está masificada, recuerda siempre llamar para reservar en los restaurantes

A tener en cuenta

Los habitantes de La Palma no son solo conocidos por su hospitalidad, también por la esplendidez en la mesa. Sus platos destacan por su sabor único y, más aún, en las porciones abundantes que reflejan el espíritu generoso de su gente.

Sus precios son bastante asequibles, pudiendo disfrutar así de una experiencia culinaria sin prácticamente preocupaciones.

Notas

¿Te atreviste con la Ruta
de los Volcanes?

Anota tus impresiones

....

....

....

....

....

....

....

Sonríe,
¡no ha sido para tanto!

DÍA

CONECTANDO CON LA REALIDAD

03

03   La resiliencia de los palmeros

Querido Álex:

Hoy me despierto con la certeza de que cada momento de este viaje está llenando mi vida de aprendizajes y recuerdos inolvidables. Como ya te comenté, acercarnos a las zonas volcánicas no hizo más que inspirarnos a profundizar en la historia más reciente de La Palma. La erupción más reciente dejó una marca imborrable tanto en el paisaje como en la vida de sus habitantes. Por fortuna, unos meses atrás, durante mi visita a la Feria Internacional del Turismo en Madrid (FITUR) pude conocer a Carlos, una de esas personas que transmiten sabiduría y pasión por su tierra. Tan solo hizo falta un par de mensajes de Whatsapp para quedar con este vecino, técnico en turismo y medio ambiente, quien conoce como nadie esa zona, y se ofreció a mostrarnos los entresijos de la parte más afectada de la isla por la última erupción. Supo transmitirnos de manera muy cercana la situación vivida.

La erupción de Tajogaite pasará a la historia por ser la más larga, pues estuvo activo durante 85 días, arrojando lava, ceniza y gases que afectaron gravemente a las poblaciones de alrededor como Los Llanos de Aridane, El Paso y Tazacorte.

Las Manchas

Desde bien temprano, y ataviados con chaquetas, pues la mañana salió fresca, recorrimos gran parte de las zonas afectadas. Una de ellas era el pueblo de Las Manchas, donde antes había un vecindario con hogares llenos de vida; ahora encontrábamos un paisaje desolador con extensas superficies negras y áridas, interrumpidas ocasionalmente por alguna edificación que se revelaba como superviviente en aquel paisaje desalentador.

Con Carlos como guía, caminamos por algunas de las áreas cubiertas de lava.

Es complicado explicar lo que se siente al pisar por primera vez la roca volcánica. Solidificada aunque quebradiza, tuve la sensación de recorrer un asombroso paisaje lunar que, a su vez, traía aires de desolación y vacío. El silencio del lugar tan solo se veía cortado por el crujir de la lava bajo nuestros pies, que parecía contar una historia de un pasado reciente lleno de caos y destrucción. Según avanzábamos, sentimos que la naturaleza nos estaba dando una lección de humildad. El ser humano cree que puede conquistarlo todo, pero la naturaleza se impone. Qué gran aprendizaje.

Nos sentimos frágiles cuando Carlos, con su voz en ocasiones entrecortada, nos contaba las conmovedoras historias de sus habitantes. Personas que decidieron dejar atrás su vida, porque era más grande el dolor emocional que la pérdida material, familias enteras realojadas que esperan su momento para volver a construir una nueva vida, o personas mayores que han visto por tercera vez cómo su tierra se tornaba, de nuevo, en un negro azabache. A pesar de eso, nos quiso mostrar cómo la comunidad sigue enfrentándose a la adversidad y cómo mostró una increíble resiliencia y solidaridad.

Aún queda mucho camino por delante, pero escuchar esas historias nos hizo reflexionar sobre la fortaleza del ser humano frente a eventos tan inesperados como este.

Carlos no solo nos contó anécdotas personales, sino que también nos mostró los lugares donde la naturaleza se agarra con fuerza a la vida. Entre cenizas, las viñas y otros cultivos emergen victoriosos en un terreno inhóspito. Las viñas, contra todo pronóstico, se han visto fortalecidas con el paso del tiempo. Las cenizas, aportando minerales y nutrientes al suelo, han favorecido la producción de una uva de excelente calidad enriquecidas con un sabor intensificado gracias a las duras condiciones en las que han crecido.

La vegetación nos muestra que uno puede ser superviviente y, además, hacerse más fuerte adaptándose a un entorno renovado y lucrado por el propio volcán.

Bodegón Tamanca

Antes de despedirnos, tomanos algo en el Bodegón Tamanca, que se encuentra bajo la montaña que lleva su mismo nombre. Oasis de tradición en medio de la adversidad, es una parada obligatoria para cualquier amante del buen vino. Al entrar, te aseguro que serás bien recibido por el reconfortante aroma a madera y vino. Sus gruesas paredes escavadas en la montaña y sus vigas de madera antigua hablan de una historia arraigada en la tierra. Ambiente tranquilo, pues era media mañana. Entre barricas de vino se encontraban varias personas conversando animadamente pero en voz baja.

Es curioso pero me hacía pensar que los susurros de los palmeros con esa melodía apacible eran tan solo el respeto y la cautela hacia los caprichos del volcán que yacía dormido pero no olvidado en el horizonte.

Pedimos una copa de vino local, era el momento. No te voy a engañar, el vino no es mi pasión, pero debo reconocer que supe apreciar ese sabor intenso que conectaba con sus siglos de historia y tradición. Mientras saboreaba cada sorbo, sentí estar en un refugio de serenidad donde cada rincón habla de la predilección de los palmeros por preservar su cultura y su tierra incluso en los tiempos más difíciles. Nos despedimos de Carlos muy a nuestro pesar, pues gracias a él, nos sentimos más conectados emocionalmente con las personas que vivieron esa experiencia y supuso una visita más rica y significativa. Quizá no es la parte más vistosa de la isla, pero explorar estas áreas te ofrece una visión auténtica y crucial de su realidad. Conocer su verdadera historia nos aleja de ser meros espectadores, nos lleva a formar parte de ese renacimiento de la isla y, de alguna manera, nos enseña a poner en valor nuestro entorno.

TOUR DE VOLCÁN TAJOGAITE PARA CONOCER SU HISTORIA

Es crucial entender la importancia de explorar. No te quedes en la superficie, sumérgete en las capas más profundas de cada viaje para descubrir la auténtica historia del lugar.

Pese a que la ruta nos ocupó toda la mañana, el tiempo se escapó entre conversaciones y descubrimientos tan rápido como el viento acaricia las hojas de los árboles.

Restaurante El Balcón de Taburiente

Ahora el cielo comenzaba a despejarse y pensamos que era el momento perfecto de dirigirnos al restaurante El Balcón de Taburiente, ubicado en un lugar privilegiado, el Parque Natural de La Caldera de Taburiente. En su agradable terraza nos permitimos relajarnos y apreciar su belleza mientras saboreábamos cada bocado.

No te lo había comentado aún, pero es habitual y costumbre que en todos los bares y restaurantes te hagan la espera más amena con un poco de pan y salsas como mojos o alioli. Aunque debes saber que casi nunca está incluido en el precio.

Nos decantamos por unos calamares que venían con una buena guarnición, no esperábamos menos. Lo mismo sucedió con el delicioso solomillo a la parrilla, de carne tierna y jugosa y con ese sabor ahumado que solo el *grill* te puede dar.

Para completar nuestra experiencia gastronómica no podíamos dejar de probar el famoso Príncipe Alberto, un postre relativamente reciente, que ha sabido ganarse a canarios y forasteros siendo incluido en la lista de postres típicos en todo el archipiélago. Creo que su entrañable historia tiene algo que ver. Debo reconocer que el postre estaba a la altura de su reputación, ya que era una combinación perfecta de texturas y sabores y fue el cierre perfecto para esta maravillosa comida con vistas.

Un suave viento calmaba el potente sol de mediodía.

Mezcla de hospitalidad, calidad culinaria y entorno natural envidiable. ¿Qué más se puede pedir?

Matilde, la autora de este postre, repostera y madre de dos hijas, tuvo que sacarlas adelante después de que su marido tuviera que emigrar a Venezuela en la década de los 50 y nunca más volviera. La combinación de chocolate, almendras, avellanas, bizcocho y café fue un éxito rotundo entre los vecinos y el boca a boca hizo que llegase a otras islas del archipiélago. La inspiración para el nombre del postre es algo incierta, pero se dice que su elaboración coincidió con la visita del príncipe de Mónaco, y Matilde confirmó que llevaba su nombre porque estaba tan bueno como el heredero.

Porís de Candelaria

Pero, una vez más, el día no acababa aquí. Decidimos pasar una tarde tranquila en el encantador pueblo de *Porís de Candelaria*, al oeste de la isla y a unos 35 km de donde nos encontrábamos.

Habíamos oído hablar de su belleza singular y queríamos comprobarlo nosotros mismos. El camino no fue fácil, desde curvas cerradas hasta pendientes pronunciadas pusieron en jaque a Marc, a pesar de su experiencia y soltura en la conducción. Si hubiera tenido que hacerlo yo, seguramente seguiríamos allí. Ahora entendíamos por qué algunas personas preferían contratar un tour en barco y ver el pueblo desde el mar.

Al pasear bajo la gruta de 50 metros de altura sientes la simplicidad y autenticidad de una vida pausada. Un par de gatos se cruzaron en nuestro camino, moviéndose con una gracia propia de los guardianes del lugar.

Encontramos una casa con las puertas abiertas, donde los dueños disfrutaban de la tarde y solo nuestro «buenas tardes» les apartó por un momento de su charla amigable. Nos sonrieron y nos saludaron con calidez a la vez que se acercaron a la pequeña puerta de entrada. Quien me conoce sabe que soy muy curiosa, por lo que no dudé en preguntarles por la historia del pueblo.

Nos contaron que el término Porís hace referencia a un embarcadero o puerta natural y, por ello, este lugar destacaba como punto de embarque para transporte de trigo hacia otras islas del archipiélago y, además, lugar desde el que partían quienes se embarcaban en alguna tripulación rumbo a las Américas. Cuenta una leyenda que va de generación en generación que hasta aquí llegó la imagen de la Virgen de la Candelaria en un barco que la transportaba y tuvo que refugiarse en esta costa de Tijarafe por una fuerte tormenta. Tras varios intentos de reanudar el viaje y que fuera en balde, se percataron de que la virgen quería quedarse en ese lugar y la colocaron en el interior de la cueva que lleva su nombre. Tiempo más tarde, la llevaron a la primera ermita edificada para, finalmente, colocarla en la actual iglesia en el centro de Tijarafe, ubicación real a día de hoy. En cambio, ahora se puede ver la Virgen del Carmen, patrona de los pescadores y cuya imagen adorna la gruta.

El día iba llegando a su fin y, después de las fotos de rigor, nos dirigimos a las rocas para contemplar el atardecer. El sonido rítmico de las olas rompiendo contra las rocas mientras el sol se sumergía en el horizonte nos daba una sensación de paz absoluta. Podría decir que fue una de las escenas más románticas que vivimos en la isla. Simplemente abrazados y disfrutando del mágico momento.

DATO CURIOSO: Si observas desde el interior de la cavidad hacia el exterior, podrás ver que el contorno de la cueva se asemeja a la silueta de la isla de La Palma.

Se puede llegar desde Tijarafe en coche (Carretera LP-1), a pie (sendero PR LP 12.2) o en barco desde el puerto de Tazacorte.

Fin del día. El Americano

Sin embargo, el día tenía una sorpresa reservada para nosotros. Mientras regresábamos a nuestro alojamiento, casi en completa oscuridad y con algunas gotas de lluvia que empezaban a caer, nos percatamos de un detalle importante en La Palma: muchos bares y restaurantes cierran temprano por la noche.

Nos encontramos en la encrucijada de tener que cenar y descubrimos El Americano en El Paso. Aunque inicialmente fue una decisión improvisada, nos sorprendieron gratamente sus «papas locas». Una montaña enorme de patatas con queso, pollo y distintas salsas que no dejan indiferente a nadie.

Notas

¿Qué has aprendido hoy?
Puede ser una lección de vida, un
dato curioso o una habilidad nueva.

....
....
....
....
....
....
....

La mejor foto
que represente tu día

DÍA

DESCUBRIENDO
SANTA CRUZ DE LA PALMA

04

04

Un paseo por su encanto colonial

"

Querido Álex:

Tras un nuevo amanecer en nuestra casita de ensueño, rodeada de la tranquilidad que caracteriza a las zonas rurales y después de un desayuno relajado, nos preparamos para nuestra próxima aventura. Con la emoción en el aire, nos dirigimos a Santa Cruz de La Palma, una ciudad llena de historia y cultura.

Santa Cruz de la Palma

Tuvimos la fortuna de conocerla a través de los ojos de Lola, nuestra guía por la ciudad.

Desde el momento que nos recibió con una sonrisa cálida y un entusiasmo contagioso, supimos que estábamos en buenas manos. No solo conocía cada rincón de la ciudad, sino que parecía haber absorbido toda la historia y cultura de La Palma como una esponja.

El punto de encuentro fue la *Plaza Vandale*, donde comenzó con una introducción general de la isla antes de adentrarnos en la capital de la misma. Caminando por las calles adoquinadas, Lola nos guio por las plazas más pintorescas compartiendo anécdotas fascinantes sobre la arquitectura local y las personas que han dejado una huella indeleble en la ciudad.

Descubrimos que esta histórica capital tuvo múltiples influencias desde Portugal, Flandes e Italia y su puerto fue el tercero más importante del Atlántico, o al menos del Imperio, después de Sevilla y Amberes.

Paseamos por su famosa *Calle Real* llena de tiendas y cafeterías que captura el alma de la ciudad, más que una simple calle es el corazón histórico y cultural de Santa Cruz de La Palma. Esta calle es una ventana a la identidad de la isla donde el pasado y el presente se encuentran. Pasamos por delante del Café *Don Manuel*, donde más tarde no pudimos resistirnos a probar su famoso *Barraquito*, una combinación perfecta de café, leche condensada, licor, leche espumada, canela y cáscara de limón. Aunque este lugar es bien reconocido y recomendado por residentes y turistas, he de puntualizar que su famoso café no es de origen isleño, sino que viene de otros lugares del mundo. De igual modo, no me sorprende que sea una visita obligada, pues mi primer sorbo me supo a gloria. No es solo una bebida, es una experiencia social.

En este recorrido aprendimos muchas cosas: los suelos volcánicos de la isla y ese clima con temperaturas suaves pero relativa humedad durante todo el año le proporcionan los nutrientes que se traducen en los sabores y aromas únicos de este café. Su proceso de recolección no es fácil, pues los granos se recogen uno a uno y se secan al sol. Cuentan con diferentes variedades de café aunque sus producciones son relativamente más pequeñas y eso, sin duda, los hace más exclusivos.

Con paso lento pero decidido seguimos por la *Calle Real* o también conocida como *Calle O´Daly*. Este nombre viene por el irlandés Dionisio O´Daly (comerciante de la época), que junto con otros burgueses de la capital, propiciaron la caída del régimen del gobierno local de los regidores perpetuos y convirtió a Santa Cruz de La Palma en la primera ciudad de España en celebrar elecciones municipales por sufragio en 1773.

Llegamos a *la Plaza de España*, presidida por la *Fuente de los Cuatro Elementos*, agua, aire, fuego y tierra, y donde admiramos el ayuntamiento y la imponente *iglesia de El Salvador*, ambas de arquitectura renacentista.

En la segunda destaca la torre aneja construida con sillares de piedra volcánica que, aunque actualmente está en reconstrucción, espero que en un futuro tú sí la puedas apreciar.

El conocimiento de nuestra guía iba más allá de los datos históricos, pues nos supo impregnar de la vida cotidiana de los palmeros. Sin duda, su mayor habilidad era conectar el pasado con el presente y nos hizo mirar más allá de las fachadas para descubrir las capas de significado de cada rincón de la isla. En momentos puntuales, era tan ingeniosa que relataba maravillosas frases poéticas de memoria, tan bellas que tuve que tomar nota de algunas: «Los antiguos ya decían que más allá de las columnas de Hércules, del Estrecho de Gibraltar hay una tierra donde la fruta se da sin ser cultivada» refiriéndose al archipiélago canario, *las islas afortunadas*.

Seguimos hacia el *Mercado de La Recova*, pues creo que nadie pondría en duda que el centro neurálgico de una ciudad es su mercado. Este espacio es mucho más que un lugar donde comprar productos frescos, es una ventana abierta a la vida cotidiana de sus habitantes, donde convergen tradición y cultura mezcladas con pequeñas tertulias. Su acogedora atmósfera nos recibe con los brazos abiertos. La luz que entra es una maravilla, su lucernario aporta esa claridad y belleza a este edificio tan singular de arquitectura neoclásica que antes de dar cobijo a decenas de productos palmeros tenía la función de hospital. Paseando por sus puestos y charlando con algún vendedor me perdía entre el aroma y los colores de sus productos y flores. *Plátanos de Canarias*, símbolo indiscutible de la agricultura isleña; mangos, con ese color anaranjado que promete dulzura y jugosidad, o el laborioso postre tradicional, el *queso de almendras*. Se dice que este fruto seco es más dulce y suave en La Palma que en cualquier otro lado.

Lola es de esas personas que no solo la quieres como guía, sino como compañera de viaje. El amor y adoración en cada palabra y gesto por su isla bonita te dejaba con ganas de saber más. Quiso hacer una breve parada en la Real Sociedad del Club Náutico, su arquitectura no es llamativa frente a otras edificaciones, pero sí su relevancia histórica.

Aprovechando la visita de Alfonso XIII en 1906 a la isla, la nombrarían como real, al igual que la Real Sociedad Cosmológica, actualmente biblioteca municipal, pero que fue fundada en 1881 con el objetivo de «propagar el conocimiento de las ciencias naturales por medio de las discusiones y el estudio práctico de las mismas, por medio del establecimiento de un museo de historia natural y etnográfico». La Cosmológica debe su nombre al título de la obra Cosmos del naturalista, geógrafo y explorador berlinés Alexander von Humboldt, publicada en Londres entre 1848 y 1858.

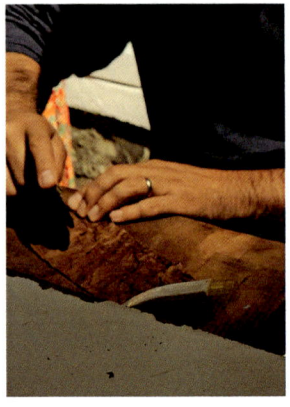

Un poco más adelante, pudimos hacer una breve pero interesante parada en una tienda de puros, pues la historia del tabaco y La Palma está estrechamente ligada desde el siglo XIX. Cuando muchos palmeros se fueron a Cuba para trabajar como vegeros (trabajadores en plantaciones de tabaco) regresaron con las mejores semillas del mundo. A pesar de que durante décadas las manufacturas de tabaco tuvieron un gran éxito, la verdad es que en la actualidad tan solo existen pequeñas plantaciones y una fábrica de tabaco. Nos recibió un aroma característico a tabaco fresco que invitaba a descubrir más sobre este arte centenario. Pudimos observar el proceso de elaboración y cómo el artesano supo seleccionar las hojas de tabaco perfectas, las cortaba y enrollaba con precisión. Cada puro es un arte de dedicación y paciencia. Aunque nosotros no compramos nada, ya que no somos fumadores, algunas personas no pudieron resistirse a probar estos puros tan apreciados en todo el mundo.

Seguimos hacia uno de los rincones más emblemáticos de la isla, sus balcones coloniales frente al mar.

Adornados con una explosión de colores vibrantes provenientes de la influencia italiana y portuguesa donde cada color brilla más que el anterior. Con detalles únicos y llenos de flores que le dan una belleza extra a la escena, fueron creados como miradores.

Balcones coloniales

Museo Naval y estatua del Enano

Aunque hicimos varias paradas durante el camino y Lola seguía sorprendiéndonos con su facilidad de palabra, destacaría un lugar muy original en la capital. El Museo Naval se ubica en la réplica de la carabela de Santa María, una de las tres con las que Colón llegó a América. Pero más allá de eso, su importancia llega con las Fiestas de la Bajada de la Virgen de las Nieves (realizada cada lustro), donde se produce el diálogo del Castillo y la Nave.

Enfrente y muy ligado a esta festividad, se encuentra la estatua del Enano, que representa la famosa danza del enano. Una polca lenta y, en ocasiones, cansina, en la que los danzantes, con trajes coloridos y muy llamativos, y la peña cantan una y otra vez alabanzas a la Virgen de las Nieves. Lola nos contó como los palmeros estaban deseando que llegase el 2025 para volver a celebrar su mayor festividad reconocida como Fiesta de Interés Turístico Nacional.

Carnaval de Indianos

Las fiestas en Santa Cruz de La Palma son de otro mundo. Nosotros no pudimos disfrutar de su Carnaval de Indianos (se celebra en febrero), pero sí que me gustaría darte unas pinceladas de esta bonita fiesta. Es un evento que rinde homenaje a los emigrantes palmeros que hicieron fortuna en América y luego regresaron a la isla. Imagina una animada fiesta con todos los participantes vestidos de blanco (imitando la vestimenta elegante de los indianos), con buena música y ambiente, cuya protagonista es la batalla de polvo de talco, donde una nube blanca simboliza la riqueza y ostentación de los indianos. El relato tan profundo de Lola hizo que sintiera la necesidad de volver a este lugar y vivirlo en mis propias carnes.

Nuestro final de ruta sería el *Castillo de Santa Catalina*, construido en el siglo XVII para proteger a la ciudad de ataques de piratas y corsarios. Su ubicación estratégica, en una elevación cerca del mar, ofrece una vista panorámica impresionante de la costa y el Atlántico. En este símbolo del patrimonio cultural de La Palma, donde nuestra guía supo darle vida a cada detalle que contaba, nos despedimos de esta maravillosa parte de la isla con la promesa de regresar nuevamente para seguir explorando sus tesoros más ocultos.

San Miguel de La Palma

San Miguel es el nombre histórico que se le dio a La Palma tras la colonización. Se ha intentado que este nombre resalte más que La Palma para poder diferenciarlo turísticamente de Las Palmas de Gran Canaria y Palma de Mallorca, localizaciones que en muchos casos llevan a confusión.

Miguel Brito

Considerado el primer cineasta de Canarias, consiguió el reportaje de la visita de Alfonso XIII a la isla. Primera visita de un monarca a La Palma desde la conquista de la isla en 1493.

Llegaba la hora del almuerzo y lo sentíamos en el estómago. Cogimos el coche y nos dirigimos hacia la parte alta de Santa Cruz por las sinuosas y características carreteras de La Palma. Teníamos reserva en el *Restaurante Chipi Chipi*, pues habíamos leído maravillas de este lugar y estábamos ansiosos por descubrir sus especialidades.

Entrar a este lugar ya es una experiencia en sí misma. Su espacio exterior cuenta con unos reservados perfectamente integrados tipo cuevas, es realmente original. Si la magnífica vegetación que le rodea y su encantadora decoración te sorprenden, espérate a probar sus platos. Se podría decir que este restaurante es un emblema de la cocina canaria y, aunque su plato estrella son las *carnes a la brasa*, también aprovechamos para probar otros platos tradicionales.

No sé si habrás oído hablar de los *chicharrones* que son típicos en varias zonas de España. Un plato que surgió de la idea de aprovechar todas las sobras del cerdo de la matanza, y en el caso de Canarias, su toque especial viene de rebozarlo en *gofio* (variedad de harina de maíz o harina de millo tostada de forma artesanal). Es complicado definir este plato, pero ahí va mi descripción: es como comerte un polvorón relleno de torrezno. Para rebajar, nótese el tono irónico, seguimos con una *sopa de picadillo* y unas costillas a la brasa acompañadas de las famosas *papas arrugás con mojo*. No podíamos más, pero lo mejor siempre está al final. En esta isla no solo persiste la cultura sana de los campesinos, también de sus postres. Nos dejamos llevar por la textura espesa y granulada del *bienmesabe*, hecho de almendras, yema de huevo y azúcar que suele ir acompañado de helado de vainilla. Una vez más, nos sorprendimos de la relación calidad-precio de sus restaurantes. Sin duda, La Palma es la meca para cualquier *foodie*.

Tras saborear cada bocado del festín, lo único que ansiábamos era entregarnos a una reconfortante siesta. Sin embargo, sabíamos que debíamos aprovechar cada minuto en La Palma. En esta parte alta corrían los vientos alisios, por lo que supimos sacarle provecho y nos fuimos a visitar el *Real Santuario Insular de Nuestra Señora de las Nieves*, pues como comentaba antes, es la protagonista indiscutible de las Fiestas Lustrales de Santa Cruz de La Palma. Al llegar al santuario nos encontramos con una maravillosa arquitectura canaria caracterizada por su fachada blanca y detalles en piedra y que contrastaba con el verde intenso del paisaje circundante. No pudimos entrar, pues tiene una jornada reducida de mañanas. Nos dejamos llevar al siguiente punto.

El Mirador de La Concepción. Su acceso es mediante el coche y la excepcionalidad de este lugar es su ubicación. Se encuentra en el extremo sur de un cráter declarado Monumento Natural y ofrece inmejorables vistas sobre Santa Cruz de La Palma, con el puerto en primer término. Hacia el otro lado la vista alcanza hasta el aeropuerto de La Palma. Con el viento de fondo nos quedamos absortos por la serenidad del lugar.

Playa Cancajos

Después de estas increíbles vistas, decidimos pasar la tarde en la playa. La suerte de ir en coche es que siempre llevamos ropa de cambio suficiente para cualquier plan que pueda surgir. *La playa de Los Cancajos* fue nuestro gran descubrimiento. Es una pequeña joya de aguas tranquilas y arena volcánica al este de La Palma. Decidimos explorar la playa y aprovechar los rayos de sol que, aunque tímidos, nos daban la calidez suficiente como para disfrutar de un baño. Encontramos un pequeño rincón protegido por rocas donde nos instalamos. Mientras el sol acariciaba mi piel, devoré el libro que dejé a medias antes de nuestro viaje. Marc, siempre inquieto, se entretenía tomando fotos y explorando los alrededores. Tuvo un momento muy cómico cuando, de repente, un grupo de gaviotas descendió en un vuelo rápido pero elegante y se posó a su alrededor. Entre risas intenté inmortalizar el momento y plasmar esa escena que pasó de una mera anécdota a una postal digna de guardar en nuestro recuerdo.

El día de hoy había sido una mezcla de historia, cultura, gastronomía y naturaleza, y es que La Palma se revela como un tesoro completo del que aún nos queda mucho por descubrir...

Notas

¿Qué te dejó el día de hoy?
Aprovecha para reflexionar
sobre tu día y anota tus pensamientos.

....

....

....

....

....

....

Una imagen vale más
que mil palabras

DÍA

**ENTRE VERDES Y AZULES
ANDA EL DÍA**

05

05

Senderos y paisajes

Querido Álex:

Hacer una ruta en el pulmón de La Palma es la mejor manera de comenzar el día. Hoy teníamos ganas de sendero y pasear por los exuberantes bosques de laurisilva que se encuentran al norte de la isla. Todos tenemos en mente la imagen de La Palma como un paisaje de fuego y temblores, pero la realidad es otra. Créeme si te digo que es de esos lugares en los que no te importaría perderte durante horas. Encuadrado en el Parque Natural de Las Nieves, El Cubo de la Galga fue la primera reserva de la biosfera de La Palma en 1983 y a la que, más tarde, le seguiría el resto de la isla. Se podría definir como una selva primitiva que acoge una gran variedad de rutas. Nosotros escogimos una circular de una duración aproximada de dos horas, autoguiada y muy fácil de recorrer, hasta un niño podría hacerla. Antes de engullirnos en el verde túnel, pasamos por el Centro de Interpretación para charlar con el responsable y que nos diera algunos consejos previos antes de comenzar.

Según nos adentrábamos en el sendero, percibíamos el verde esmeralda donde las hojas brillaban bajo la luz filtrada del sol. Pero esto no siempre es así, según vas atravesando este espacio selvático la luz se torna más tenue y comienza una escena con un aura misteriosa. A pesar de ser época estival, el suelo se teñía de color ocre en una alfombra de hojas que crujía en cada paso. El olor a humedad y tierra mojada impregnaba el ambiente, cada inhalación era un deleite para los sentidos. La flora y la fauna endémica en este lugar es innumerable. Una bóveda vegetal entre helechos, tilos, marmulanos o viñátigos hasta las palomas de laurisilva que con su canto y el murmullo del silencio crean una atmósfera perfecta para desconectar. Suena a tópico, pero los propios residentes hablan de esta zona como un bosque de cuento de hadas. No es para menos, en cada paso tienes la sensación de que te asaltará un pequeño duende. No es solo un viaje físico, también es un viaje sensorial del cual te sientes agradecido.

En el camino encontramos algunos senderistas, pocos la verdad. Tuvimos la oportunidad de intercambiar sonrisas y alguna que otra charla sobre la maravilla del lugar con un par de chicos. Eran alemanes, su tez blanca solo se veía marcada por el rostro enrojecido del ejercicio, y eso los delataba. A pesar de las diferencias lingüísticas, su actitud abierta hizo que nuestra conversación fluyera con facilidad. Hablamos en inglés, idioma en común, que nos hizo compartir algún consejo sobre el camino que seguir. Nos despedimos con un «Auf Wiedersehen», la única palabra que sabía pronunciar de este idioma tan jeroglífico y prometimos disfrutar del resto del sendero como hasta ahora.

Una de las mayores fortunas de La Palma es la capacidad para ofrecer experiencias íntimas y genuinas. A diferencia de otros destinos, aquí no encontrarás esa masificación. Algo que me encanta es que han sabido preservar el equilibrio entre ser accesibles y mantener la autenticidad. Caminar por senderos y sentir que, por momentos, el bosque te pertenece solo a ti.

Creo que es justo apuntar que no hicimos la ruta por el *Bosque de Tilos*, pero no por falta de ganas. Esta maravillosa ruta entre cascadas permanece cerrada por graves desprendimientos y, de momento, no hay una fecha exacta de reapertura.

RUTAS DE LA ZONA:
RUTA CUBO DE LA GALGA (PR LP 5.1)
RUTA BOSQUE DE TILOS-RUTA MARCOS Y CORDERO (PR LP 6)

CONSEJO VIAJERO: VISITAR EL CENTRO DE INTERPRETACIÓN

San Andrés y Sauces

Con pena por no poder disfrutar de una de las imágenes más icónicas de la isla, nos dirigimos hacia el pintoresco pueblo de San Andrés y Sauces, a 11 km de distancia. Ya no nos pillaba de sorpresa que el pueblo estuviera tranquilo, todo aquí es así. Calles empedradas que suben y bajan en silencio y casitas en tonos blancos y madera es el paisaje que te encontrarás. La iglesia de San Andrés, una de las primeras construidas por los españoles tras la conquista de La Palma en 1493, es el símbolo del pueblo.

Aprovechamos para comprar algo de comida en una pequeña tienda (nada especial). Nuestra visión por la carretera antes de llegar a nuestro destino era como una jungla llena de plataneras. Llegamos al *Charco Azul*, una de las piscinas naturales formadas por la acción del mar y la lava. Aunque desde arriba se percibe la intervención del hombre por sus barandillas, restaurante y servicios mínimos, la panorámica es impresionante. Por esta zona el día aún andaba un poco nublado; sin embargo, el agua cristalina atraía ya a algunos bañistas. Su piscina se abastece del océano Atlántico, por lo que la temperatura en un día revuelto te la puedes imaginar. De igual modo, nos atrevimos al baño, muy intrépidos te diría. Duramos poco, diez minutos fueron suficientes para sentir la relajación de mis piernas tras la caminata, pero también el frío en los huesos. Mientras observábamos algunos niños —y no tan niños— disfrutando de sus zonas de salto, nos quisimos ir a un espacio más apartado.

MIENTRAS MARC PREPARABA EL ALMUERZO, ME
QUEDÉ OBSERVANDO, A LO LEJOS, LA FIGURA DE UN
PESCADOR LOCAL QUE PARECÍA ESTAR EN PERFECTA
ARMONÍA CON EL MAR. CON ROPA SENCILLA Y
UN SOMBRERO PARA PROTEGERSE DEL SOL, QUE
PARECÍA DECIDIDO A SALIR, LANZABA SU CAÑA
DE MANERA ÁGIL Y UNA PACIENCIA QUE SOLO EL
TIEMPO TE PUEDE OTORGAR.

Recogimos nuestras pertenencias y fuimos a por el coche. Estaba aparcado muy cerca de la famosa *Destilería Ron Aldea*. No entramos, pues teníamos otros planes en mente. Leímos que tenía visitas guiadas por la fábrica, donde te explican el momento de la recolección, molido y destilación de la caña de azúcar en los distintos licores que comercializan.

Siguiente punto del día: La Fajana. Seguimos al noreste de La Palma, en concreto en Barlovento. Existen varias piscinas naturales en la isla, pero cada una tiene su peculiaridad y las hace especiales. En esta zona del litoral se encontraban antiguamente las charcas donde se curtía el lino, artesanía textil que supo envolver la vida cotidiana de la isla.

Actualmente *La Fajana* es una composición de tres piscinas que, en un pispás, podrás saltar de una a otra sin pensártelo mucho.

Bueno, eso lo digo con boca pequeña, pues no me atreví ni a saltar una. La temperatura ya había bajado y me limité a tomar unas fotos del lugar. Debí hacerle gracia a un hombre que se sentaba cerca. Comenzó una tímida conversación animándome al baño y acabó contándonos sus lugares favoritos de La Palma. Me sorprende y a la vez me fascina ese sentimiento de cercanía de los palmeros. Venir de una gran ciudad como Madrid, aunque los madrileños tenemos fama de ser muy sociables, el ritmo frenético y la inmediatez de la ciudad, a veces, no nos deja valorar los bonitos e inesperados momentos que surgen de una simple conversación.

Faro de Barlovento

Quisimos pasar por el Faro de Barlovento, último destino del día. No llegamos por casualidad, pues ya sabes que soy una apasionada de los alojamientos con encanto. Este era uno de ellos y, aunque nuestro presupuesto no nos lo permitía, no podíamos pasar la oportunidad de ver, aunque solo fuese por fuera, el encantador hotel *boutique*.

Este faro es el más antiguo de España y de los pocos que aún está en activo. Con su rehabilitación se pretende potenciar el desarrollo de actividades sostenibles garantizando su conservación sin influir en su actividad principal. Si tienes la posibilidad, creo que es la ocasión perfecta de sentir la historia, el misterio y la intimidad que esconde en su interior. Desde la distancia, nos imaginamos cómo sería despertar cada mañana con vistas al océano y al horizonte desde este lugar tan pintoresco.

Vuelvo a la conversación con Gabriel, el hombre con el que charlamos en La Fajana. Nos contó que era repartidor de bebidas de bares y restaurantes de La Palma, por lo que conocía los mejores restaurantes de la zona. Nos recomendó dos restaurantes: *La Pradera* y *El Campesino*. Tuvimos que elegir, por lo que nos decantamos por el segundo.

Nos dimos prisa para llegar al restaurante *El Campesino*. No queríamos llegar tarde y encontrarnos las puertas cerradas.

Al entrar en él se percibe un toque familiar, desprendía calidez. Mientras decidíamos el menú, me fijé en que se notaba que nos encontrábamos con personas de la zona, por la cercanía con sus empleados, algo que siempre es de agradecer. Nos atrevimos con un costillar cocido acompañado de papas y piñas (así es como se conoce a la mazorca de maíz aquí), pero, sin duda, su queso ahumado con azafrán no te dejará indiferente.

*A pesar de haber recorrido tantos lugares
y de la actividad intensa del día, nos
encontramos agotados pero satisfechos.
Este día quedaría grabado en nuestra
memoria y en mi diario de viaje.*

Notas

¿Verde? ¿Azul?
¿Qué color te inspira La Palma?

....
....
....
....
....
....

¡Dale vida
a tus recuerdos!

DÍA

ENCUENTROS NATURALES

06

06 Ecología de altura

Querido Álex:

El sexto día de nuestra estancia comenzó bien temprano, para no variar. Teníamos ganas de conocer la *Ecofinca los Nogales*, un oasis de sostenibilidad en medio de la exuberante vegetación de La Palma. Esta finca se sitúa al norte de La Palma, a unos 180 metros sobre el nivel del mar, muy cerca del acantilado de Playa de Nogales en el municipio de Puntallana. La brisa marina nos daba la bienvenida acercándonos el perfume de las plantas aromáticas que nos rodeaban. Vanesa, la persona que se encargaría de guiarnos a lo largo del recorrido, hizo una visita por los cultivos orgánicos de frutas y verduras.

Su recorrido es aproximadamente de una hora y media y es muy interesante, pues muestra no solo sus grandes plantaciones de plátanos, piñas, mangos, aguacates o café, sino los métodos tan interesantes y curiosos que usan, como una estación meteorológica para controlar el consumo de agua y conocer la evolución de las plantas y sus plagas. Nos habló apasionadamente sobre la historia de la finca, la cercanía y amabilidad de sus dueños y la importancia de preservar el medio ambiente. Fue inspirador ver cómo se puede vivir en armonía con la naturaleza y, al mismo tiempo, disfrutar de sus frutos.

Entre plataneras y, siendo un tema recurrente en la isla, acabamos conversando con vanesa sobre la última erupción volcánica. es un tema que está presente en la memoria de todos y que, en parte, también afectó gravemente durante un tiempo a esas empresas que tuvieron que renacer de sus cenizas, el duro golpe les hizo ser más fuertes. esta erupción afectó mucho al turismo y, aunque inicialmente ha sido un destino muy popular entre turistas extranjeros, especialmente europeos, el turismo nacional ha cogido fuerza en los últimos tiempos.

Lo mejor venía ahora. El bocado de aguacate cremoso, cebolla morada, tomate y una pizca de sal acompañado de un zumo de piña recién exprimido era el broche perfecto a este recorrido. Pero había más, fresas frescas tan dulces y jugosas que parecían explotar en la boca con cada mordisco, recogidas directamente de los huertos de la finca, un verdadero manjar que nos hacía conectar directamente con la isla. Disfrutamos de plátanos locales, pequeños pero llenos de sabor, nada que ver con los que nos encontraríamos en un supermercado.

Nuestra guía nos hizo saber que ese sabor intenso solo es posible gracias al no uso de productos químicos que además son tóxicos para nuestra salud. Las prisas, la inmediatez, el trabajo, la casa, la vida en general, a veces, no nos deja apreciar los pequeños placeres de la vida cotidiana. Sin embargo, momentos como este nos recuerdan la importancia de detenernos, respirar y saborear la simplicidad de la vida.

ECOBRUNCH

Para agregar a la lista de encantos, además de realizarse un ecobrunch algunos domingos del mes, la Ecofinca Nogales cuenta con un restaurante encantador donde se pueden disfrutar platos elaborados con ingredientes frescos y locales. La finca también se ha convertido en un lugar popular para celebrar eventos especiales, como bodas y otras celebraciones.

Con una sonrisa, Vanesa nos sugirió que consideráramos casarnos en la finca, describiendo lo idílico que sería tener una ceremonia rodeados de la gracia natural del lugar. Lo que ella no sabía es que ya estábamos casados. Sin embargo, no pudimos evitar sonreír y pensar que, de haber conocido este lugar antes, sin duda habríamos considerado celebrar nuestra boda aquí. Incluso bromeamos con la idea de repetir la experiencia, solo por la oportunidad de hacerlo en un entorno tan mágico.

Si quieres saber un poco más

Playa de Nogales

Después de disfrutar de este maravilloso desayuno, nos dirigimos a la cercana *Playa de Nogales*. Para mí, sin duda, la estrella de las playas en La Palma. Lo cierto es que su acceso no es de los más sencillos, ya que requiere una ardua caminata descendiendo por un sendero que, aunque con escaleras, es un poco empinado. Nos encontramos serpenteando a través de acantilados con unas inmejorables vistas con el azul profundo del océano Atlántico. El espectáculo se creaba con el contraste de las escarpadas costas y la arena negra que se empezaba a divisar al fondo. Se podría decir que es capaz de sintetizar buena parte de lo que ofrece la Isla Bonita: montañas, senderos, lava, océano y verde, mucho verde. No es exageración y pocas veces tengo ese sentimiento tan puro, pero tuve que contener alguna lagrimilla de la sensación tan bonita que tuve al ver esa inmensidad ante mis ojos.

La Cueva del Infierno está situada al sur de la playa de Nogales, en la base de un hercúleo acantilado, El Peñón. Está considerada una de las cuevas marinas más interesantes de las islas Canarias, dada su estructura, su disposición al oleaje, sus grandes dimensiones y las filtraciones de agua dulce que han originado una fértil y diversa fauna.

Paraíso para surferos y amantes de la aventura.

Para llegar a la playa de Nogales, la carretera es LP-102.

Playa prácticamente desierta, tan solo la compartíamos con un grupo de amigos que se encontraban a varios metros de distancia y alguna que otra pareja que se atrevía a bajar al paraíso escondido. Las fotos que tomamos entre los reflejos de la luz del sol en el agua y la arena eran simplemente espectaculares, cada imagen parecía sacada de una postal.

La playa nos inspiró a volver a nuestra infancia y, en un arranque de energía, decidimos echar una carrera a lo largo de la orilla.

EL ROQUE DE LOS MUCHACHOS

Emprendimos nuestro camino hacia el *Roque de los Muchachos*, zona norte de La Caldera de Taburiente y uno de los puntos más altos y reconocidos de La Palma. El nombre de Roque de los Muchachos proviene de la forma del mismo, pues son una serie de pequeños roques de unos 3 metros de altura, que se asemejan a un grupo de muchachos. El trayecto hasta la cima ya es un espectáculo por sí solo. Miradores en nuestro camino a los que no nos podíamos resistir, pues las vistas ya hacían abrir boca.

Cuando llegamos ya estaba cerrando el *Centro de Interpretación*, pero me gusta resaltar que en cada lugar emblemático de la isla podemos encontrar uno. En este caso, está dedicado a la importancia astronómica de la isla y la historia del Observatorio Astronómico, uno de los más importantes del mundo debido a la claridad del cielo de La Palma. El trayecto hacia allí nos permitió pasear en coche muy cerca de los telescopios, una experiencia que me hizo recordar la atmósfera de la película *Cielo de Medianoche*, protagonizada por George Clooney. Las imágenes de los telescopios emergiendo entre la neblina y el paisaje lunar eran impresionantes, casi como si estuviéramos en una escena de ciencia ficción.

Flora y fauna

Antes de que cayera el sol, tuvimos la oportunidad de disfrutar de la fascinante fauna y flora endémica del área. La vegetación, especialmente las plantas como el tajinaste, era impresionante.

Estos ejemplares eran tan altos que superaban mi estatura; no era muy difícil tampoco. Su presencia majestuosa se alzaba en medio del paisaje agreste. Qué fortuna la nuestra visitar la isla en estas fechas, pues los meses de mayo y junio es el momento de disfrutar de sus flores rosas. La fauna local también era notable: algún lagarto tizón, abejas y hasta canarios, palomas, cuervos o cernícalos era lo que intuíamos que se escuchaba a lo lejos.

Cuando el sol comenzó a caer y el cielo se tiñó de naranja, tan solo se veía perturbado por el mar de nubes que caracteriza a La Palma. Los contornos de las montañas y los roques se recortaban contra este fondo brillante, creando una silueta dramática que acentuaba la divinidad de la situación.

Nos quedamos allí, inmóviles y cautivados, absorbiendo la magnificencia del momento. Fue una experiencia de pura magia, un instante en el que el tiempo parecía detenerse, permitiéndonos disfrutar de la belleza indescriptible de un atardecer en uno de los lugares más privilegiados de La Palma. No paramos mucho, pues allí arriba el frío es insoportable y no íbamos lo suficientemente preparados. Todavía nos quedaba alguna oportunidad más de ver ese cielo estrellado, así que la mejor opción era acabar en nuestra humilde casita y descansar hasta el siguiente día.

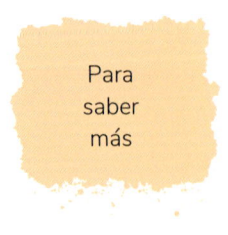

Para saber más

Observatorio Roque de los Muchachos

Centro de Interpretación Roque de los Muchachos

Notas

Cada rincón de esta isla tiene
una historia que contar.
¿Cuál ha sido la tuya hoy?

....
....
....
....
....
....

Foto finish para
recordar este día
en La Palma

DÍA

AVENTURAS ENTRE
EL CIELO Y LA TIERRA

07

Querido Álex:

El sonido del despertador a las 7 a. m. nos sacó de la cama. Nuevo día, nueva aventura. Hoy se la dedicaremos casi por completo a La Caldera de Taburiente. A pesar de los días tan intensos que llevábamos, el entusiasmo y la expectativa seguían intactos. Comenzamos el día con un buen desayuno en la terracita de nuestra pequeña casa. Tostadas con mermelada y un café bien cargado que nos espabilara del todo.

07 Un viaje al corazón de La Palma

Hoy la ruta la haríamos por libre, qué valientes. Antes de nuestro viaje ya nos informamos de los pasos a seguir para esta ruta. De igual modo y al estar muy cerquita de El Paso, a unos 3 km, el Centro de Visitantes de Caldera de Taburiente, nos pasamos por allí por si algo se nos había escapado. Te recomiendo especialmente este tipo de visitas para saber el estado real y actual de los senderos. En este caso, además, encontramos una exposición con descripciones generales de los espacios protegidos y una biblioteca sobre la historia natural de las Canarias, muy interesante. Nos llevamos una grata sorpresa al saber que disponían de una agradable terraza con vistas al parque y un jardín botánico con las plantas endémicas que encontraríamos en nuestro camino. Era como tomar el aperitivo antes del gran almuerzo

Cogimos de nuevo el coche y a las 9:00 ya estábamos en el *Barranco de las Angustias*. Aquí encontramos un *parking* y taxis esperando a recoger visitantes ansiosos por recorrer las zonas más altas de la *Caldera de Taburiente*. Coincidimos con otra pareja de mediana edad.

Lo aconsejable es compartir taxi y que los 52 € (tarifa fija) de la carrera se puedan pagar a medias. Estas iniciativas, aunque nos duelan al bolsillo, creo que son las mejores para mantener el entorno cuidado y no masificar zonas tan turísticas. Además, siempre digo que los taxistas de la isla no solo te proporcionan un servicio eficaz, sino que hacen de tu recorrido una experiencia en sí misma. Conocedores de cada rincón de la isla, hacen de guía mostrando su orgullo por la tierra que les vio nacer. La pareja que nos acompañaba en el trayecto también era canaria. Tuvieron una bonita charla sobre la situación actual de Canarias, la masificación en otras islas y la suerte que tenía La Palma de seguir siendo prácticamente virgen.

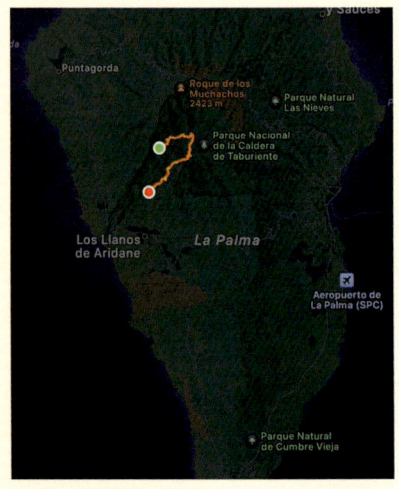

PR LP 13 (Los Brecitos-Caldera de Taburiente-Barranco de las Angustias)

Yo solo me limitaba a escuchar, pues su conversación ya me parecía sumamente interesante sin necesidad de intervenir. El tema de la sequía como problemática en la isla también salió a flote, algo que creo que al final nos preocupa a todos por igual.

Por fin llegamos al punto de partida, listos para recorrer los más de 15 km que nos esperaban. La pareja canaria se puso en primera posición, para él no era la primera vez aquí, por lo que eso nos tranquilizó bastante. Diría que los primeros kilómetros fueron ligeros con un soplo suave que nos acompañaba mientras el sol comenzaba a iluminar el paisaje. A medida que íbamos avanzando, el calor se hacía notar, pero no nos dejamos intimidar. El camino era un poco duro en algunas partes, con subidas empinadas y terreno irregular, pero cada esfuerzo valía la pena.

Durante el recorrido, pudimos ver la rica flora y fauna del parque. Una flora única vive en las paredes de los roques; los amagantes o bejeques adaptados a la difícil vida en paredes y grietas son algunas de las plantas que dan color a este lugar. Pero lo que más me gustaba, sin duda, era el sonido del correteo constante de los lagartos tizones a nuestro paso; esos pequeños reptiles eran como nuestros compañeros de viaje, añadiendo un toque de vida y movimiento al paisaje.

El calor del mediodía comenzó a hacer mella y decidimos parar para almorzar bajo la sombra de unos pinos canarios, gran refugio siempre. Llevábamos frutos secos, agua, fruta, pan y... y nada más, se nos había olvidado el embutido en casa. Sí, así somos. Llevábamos dos horas y media de caminata y aún nos quedaban cuatro más, todo controlado. Empezamos a culparnos el uno al otro con miradas y acabamos riéndonos de la situación tan absurda vivida. Aprendimos, esto no volverá a pasar.

Nuestra parada estaba muy cerca de los baños públicos y un pequeño punto de información. Me paré a hablar con el chico porque nos había surgido una duda: ¿cómo llegaba allí cada día? ¿Habría algún atajo con el coche? El chico, muy amable y sonriente, nos contó que venía caminando cada día, al igual que habíamos hecho nosotros. La empresa le ofrecía quedarse a dormir, qué detalle, pero él prefería volver a casa cada día. Nos pusimos en la tesitura de tener que hacer eso cada jornada, con niebla, con frío o con 30 grados. Qué duros son algunos trabajos y qué poquito se valoran. Nosotros le dimos las gracias por estar ahí.

Seguimos nuestro camino, encontramos varios arroyos y pequeños riachuelos donde pudimos refrescarnos. Estos momentos de contacto con el agua eran revitalizantes, nos llenaban de energía y nos permitían continuar con más ánimo. Llegamos al Barranco de las Angustias y pasamos por la famosa Cascada de Colores, de la que nos habían advertido que prácticamente iba sin agua. Así era, pero el camino hasta ella fue lo más asombroso. A nuestro paso nos encontramos con regatos que iban cambiando de color, verde, amarillo, blanco y hasta naranja, para llegar a la famosa cascada.

Durante la senda, nos cruzamos con otros excursionistas. Algunos iban en grupos grandes, otros en pareja y también algunos valientes caminantes solitarios. A pesar de la buena señalización y las audioguías que se cruzaban en nuestro camino, tuvimos un momento de despiste. No ver una señal nos hizo coger un desvío que no era el correcto. Lo mismo le sucedió a una pareja holandesa que, con las mejillas sonrojadas del esfuerzo nos indicaban que por ahí no era. Después de unos minutos de incertidumbre, logramos retomar la ruta correcta. Fue un pequeño susto, pero al final solo añadió un poco de emoción a la aventura y compartimos lo que quedaba de ruta con ellos.

Fue un pequeño lápsus, pero al final solo añadió un poco de emoción a la aventura y compartimos lo que quedaba de ruta con ellos.

Finalmente, después de varias horas de caminata, llegamos al final de nuestra ruta. El cansancio se mezclaba con la alegría y el orgullo de haber superado la prueba. 15,7 km de pendientes, dolor de pies, calor y disfrute, mucho disfrute.

Nos marchamos al alojamiento. La ducha y el bocata que no nos habíamos comido nos esperaban con los brazos abiertos. Decidimos descansar durante el resto de la tarde, la ruta nos había dejado KO.

Consejo Viajero:

Si quieres, tienes la oportunidad de hacer acampada dentro del parque. Es necesario llevar todo el equipo (tienda de campaña, saco de dormir, la autorización, el DNI, etc.). Para conseguir la autorización:

Mirador Llano de Jable

Tras un merecido descanso, hoy sí, nos abrigamos bien y subimos al Mirador Astronómico Llano de Jable.

Preparamos un pícnic (esta vez bien). Llegamos a la zona alta de El Paso, a unos 1200 m sobre el nivel del mar, con unas increíbles vistas hacia el Valle de Aridane.

La cascada de nubes y la niebla típica que suele cubrir la zona bien le dan el sobrenombre de Llano de las Brujas y no resulta sorprendente. Para los amantes de la fotografía y la astronomía esta zona es imprescindible, pues tiene las condiciones idóneas para disfrutar del firmamento. Sin ser nosotros expertos en ninguna de las dos materias, supimos guiarnos bien con los paneles informativos centrados en la temática de las estrellas.

Según se iba cerrando la noche, el frío comenzaba a ser más helador. El silencio de la noche, roto solo por algún murmullo lejano o el susurro del viento, nos envolvía. Ver el cielo estrellado de esta manera, sin la contaminación lumínica de las grandes ciudades, es una experiencia sobrecogedora. Nos sentimos diminutos y maravillados ante la vastedad del universo.

La isla posee unas condiciones medioambientales únicas para la observación de las estrellas y es considerada uno de los mejores lugares del mundo para ello. Los cielos de La Palma están protegidos por ley desde 1988, y en 2012 la isla fue nombrada la primera Reserva Starlight del mundo, para proteger la calidad del cielo nocturno.

Consejos viajeros:

Contratar ruta guiada

Para disfrutar plenamente del espectáculo estrellado de La Palma, es recomendable contratar una ruta guiada. Los expertos te llevarán a los mejores lugares y te brindarán información fascinante sobre el cielo nocturno, asegurando una experiencia inolvidable bajo las estrellas.

Luna llena

Asegúrate de elegir días en los que la luna no esté llena para poder disfrutar del cielo estrellado en su totalidad. La luz de una luna llena puede opacar la visión de las estrellas, así que planificar tu observación en noches más oscuras te permitirá ver el cielo en todo su esplendor.

Final del día

Llega un poco antes del atardecer para asegurarte de encontrar un buen lugar y prepararte para las fotos.

Ropa abrigada y cómoda. Da igual qué época del año sea, siempre la temperatura es muy baja en estas zonas tan altas.

Los mejores miradores astronómicos:

Notas

Reflexiona sobre los momentos más
especiales de hoy y anótalos.
A veces, son los pequeños detalles
los que hacen que un día sea inolvidable

....

....

....

....

....

....

Conserva la maravilla
de esta noche
estrellada

DÍA

**MIRADORES Y RINCONES
QUE CUENTAN HISTORIAS**

08

08 Rincones de El Paso

Mercadillos
en La Palma

Querido Álex:

El viaje poco a poco va llegando a su fin y no podemos evitar sentir esa mezcla de tristeza y, a la vez, querer seguir exprimiendo hasta el último rincón. Aún hoy teníamos el día entero para seguir descubriendo la isla.

Le sacamos mucho partido a la zona donde nos alojamos, pues muchos lugares a los que les habíamos puesto el foco estaban en este municipio.

Nuestro día comenzaba en el *Mercado del Agricultor* de El Paso. La apuesta de La Palma por sus mercados locales es indudable. Su propósito de ayudar a consolidar la creación de empleo y mantener sus tradiciones nos invita a ser partícipes de la mejora de la isla. Este mercado tiene algo especial, quizá su tamaño reducido, su artesanía o sus productos frescos de km 0 y ecológicos, no lo sé. Ese es su pilar fundamental, y es que es necesario recordar que este tipo de productos ayudan a reducir la huella de carbono y, por ende, «a luchar» contra el cambio climático. Este beneficio también es una necesidad para nosotros, pues estás prescindiendo de residuos químicos nocivos para la salud y fomentando la biodiversidad al consumir variedad de plantas autóctonas.

Estuvimos poco tiempo pero paseamos a un ritmo lento, lo suficiente como para sentir los saludos entre vecinos como si fueran propios. Probamos un cachito de mango que nos ofreció una señora, esa mezcla de dulzura y acidez nos transportó al paraíso tropical. Pudimos comprar un detallito artesanal que pasaría a ser nuestro *souvenir* del viaje. No somos de comprar muchos regalitos, pero sí si sabemos que sirve para fomentar este tipo de lugares.

Seguimos en El Paso, muy cerquita del ayuntamiento aún quedaban restos de lo que más tarde supimos que fue una gran fiesta para el pueblo: *la festividad del Sagrado Corazón de Jesús*, donde el arte, la tradición y la devoción son los principales protagonistas. Se realiza una semana después del *Corpus Christi*, cuando la imagen va en procesión desde la *iglesia de Nuestra Señora de Bonanza* hasta el barrio del *Calvario*, cruzando las principales calles del casco histórico. Este recorrido se engalana con farolillos artesanales, las alfombras, tapices y arcos de flores y semillas en sus calles principales son una explosión de colorido que nos dejó atónitos. Un vecino sentado en un banco, como si formara parte de este paisaje cultural, nos explicó que los propios vecinos y asociaciones son quienes se encargan de confeccionar estas estampas e imágenes únicas. Si tienes la oportunidad de viajar en estas fechas, te recomiendo que pases por aquí porque nosotros, al menos, no hemos visto una cosa igual.

PETROGLIFOS EL VERDE

El Paso aún tiene más por descubrir. Nos alejamos un poco del centro, a escasos 7 minutos andando desde el ayuntamiento, nos dirigimos a *los petroglifos El Verde*. Conocer los orígenes de la isla es una buena manera de entender a los palmeros y la pasión por su tierra. Estos antiguos grabados rupestres nos ofrecen una fascinante visión de la historia y la cultura de los primeros habitantes de la isla, de origen aborigen. Benahoare era el nombre con el que se conocía a La Palma y su significado no me puede encantar más: «mi tierra». Los benahoaritas utilizaban cuevas naturales como viviendas y se dedicaban a la agricultura y ganadería. Caminamos hasta estos impresionantes petroglifos que desprendían un aura de misterio. Su objetivo era grabar los calendarios solares, rutas de montaña donde encontrar refugio e incluso representar a sus dioses, pero creo que los petroglifos representan una manera de mantener sus raíces y asegurar la permanencia de su cultura. El ser humano siempre ha tenido el anhelo de ser recordado, de trascender más allá de su existencia física. Los antiguos isleños ya lo hacían a través de estos grabados, que han perdurado a lo largo de los siglos. Al contemplar estos símbolos y figuras, podemos imaginar a aquellos que los tallaron, dejando un legado que habla de sus creencias, su arte y su visión del mundo. Es un recordatorio de que, a lo largo de la historia, la humanidad ha buscado formas de comunicarse y de dejar un testimonio de su paso por el mundo.

Mirador de El Time

Después de empaparnos de cultura, el resto del día lo dedicamos a los miradores más espectaculares de La Palma. Primero, nos detuvimos en el mirador de El Time, en el municipio de Tijarafe. Para nosotros, este es uno de los miradores más impresionantes que nos encontramos en la isla. Se encuentra a unos 600 m de altura y no solo ofrece unas bonitas vistas al Valle de Aridane y Puerto de Tazacorte, sino también las consecuencias de la última erupción. Incluso, aunque nosotros no tuvimos la ocasión de verlo, pues el cielo no estaba totalmente despejado, los días con buena visibilidad se puede llegar a ver la isla de El Hierro.

Verlo desde la cercanía como hicimos días anteriores era sentir el calor que emanaba de rocas aún calientes y los detalles de la lava solidificada. Sin embargo, desde el mirador, las coladas de lava se extendían ante mis ojos como ríos negros y brillantes, cortando el paisaje con su abrupta presencia.

A esta distancia, el vasto alcance de la erupción se hace más evidente, revelando la enorme cicatriz que dejó en la tierra. La vista es impresionante y sobrecogedora, mostrando la magnitud de la fuerza natural desde una perspectiva segura y contemplativa. Como en la vida, cada perspectiva ofrece una comprensión diferente pero igualmente importante de este fenómeno natural.

Vimos cómo algunos senderistas comenzaban desde aquí una pequeña ruta de unos 3 km aproximadamente que les llevaría hasta el pintoresco Puerto de Tazacorte. Otros, como nosotros, se dirigieron al bar que se encuentra en este mismo mirador para hacer una pausa en el camino. Después de un refresco y un buen pincho de tortilla, estábamos preparados para el siguiente punto del día.

Forma de acceso: en automóvil. En la carretera LP-1 por la entrada sur del municipio se encuentra el mirador, después de ascender la pared norte del Barranco de las Angustias.

MIRADOR
DE LOS DRAGOS

A unos 15 km de aquí, se encuentra el Mirador
de Los Dragos. Desde que vimos por primera vez
el Drago Milenario de Tenerife, hace ya muchos
años, nos había llamado la atención este tipo de
árbol. A pesar de que este de Tenerife es el más
conocido en las islas Canarias, en esta parte de
La Palma es donde se concentra mayor número
de ejemplares. Al llegar al mirador, lo primero
que se ve es un enorme y emblemático drago
que preside el mirador desde el que se ofrecen
vistas de El Roque y Puntagorda. Quizá no nos
sorprendió tanto como el anterior mirador, pero
sí que lo vería como posible parada si pasas
por delante.

Consejos viajeros:

Desde Garafía, pueblo de tan solo 1.600
habitantes, también se puede acceder
por un pequeño y bonito sendero que te
lleva de visita a los Dragos de Buracas.
En automóvil: Se llega por la carretera
LP-1 a la altura del barrio de El Roque
de Puntagorda.

Miradores de Garafía

RESTAURANTE EL BERNEGAL

Como no nos queríamos quedar sin conocer todos los puntos cardinales de la isla, Garafía (al noroeste) la dejamos para este último día. Fuimos para hacer una de las cosas que más nos gusta, comer. Decidimos ir al Restaurante El Bernegal, motivados por las excelentes reseñas que habíamos leído. La carta ofrecía una variedad de platos tradicionales canarios, pero lo que más nos llamó la atención fue su original presentación de los platos. Mientras esperábamos los nuestros, los coloridos y aromáticos platos de los demás comensales nos hacían la boca agua. Nos quedamos con ganas de más después de probar su ensalada de papaya, queso y nueces, así que seguimos con un bacalao de crema al limón que es difícil de explicar.

Restaurante el Bernegal
Fuente: Tripadvisor

MIRADOR
DE SERRADERO

Con la tripa llena y un poco revuelta a causa de las curvas del camino, nos dirigimos a una de las panorámicas más bellas del norte, el mirador El Serradero o Puertito de Santo Domingo. Desde este punto se puede contemplar la abrupta costa de la Villa de Garafía: el Roque Santo Domingo, el Roque de Las Tabaibas y el Roque del Guincho. Bajo nuestros pies y desde ese gran acantilado, se aprecia la tremenda playa de Bujaren y un islote que se encuentra enfrente, donde dan ganas de quedarse a vivir.

Lo cierto es que habíamos leído que la bajada hasta la playa era ardua y, en ocasiones, su oleaje era peligroso, por lo que no queríamos estropear el final del viaje de mala manera y se lo dejaríamos tan solo a los pocos surferos que divisamos desde arriba. Desde las mesitas del merendero, con el sonido del fuerte oleaje de fondo, decidimos echar una cabezadita y reponer fuerzas. El mareo del viaje hasta aquí hizo que nos tomáramos con sosiego lo que quedaba de día.

Molino de Buracas

Muy cerca de aquí se encuentra el *Museo de Interpretación del Gofio (MIGO)* en el *antiguo molino de Las Tricias*. Estos eran puntos de encuentro importantes de la isla a lo largo de la historia, ya que los que vivían en los alrededores podían ver sus aspas moverse y saber si estaba en funcionamiento para llevar sus granos. A día de hoy, es uno de los mejores miradores astronómicos de La Palma que se ha convertido en un centro de interpretación al aire libre.

Después de un día lleno de vistas de pájaro, este era el lugar perfecto para culminar la que sería nuestra última noche en la isla. Nos acercamos al mirador para ver la puesta de sol. La vista era simplemente mágica, el sol se sumergía en el horizonte, tiñendo el cielo de rojos, naranjas y dorados intensos. El antiguo molino, que se alzaba orgulloso al fondo del atardecer, agregó un toque encantador a la escena.

Notas

Anota lo que has sentido, lo que has
aprendido y lo que te llevas contigo,
para que estas memorias sigan brillando
incluso cuando la noche se haya ido

....

....

....

....

....

....

Cada foto
es un pedazo del alma
del momento

DÍA

DESPEDIDA DE LA ISLA

09

09 El mejor adiós

Querido Álex:

Nos quedamos con ganas de más, no lo vamos a negar. La Palma da para tres semanas más, dos diarios y hasta una vida entera allí, diría yo.

Nos levantamos con la mañana serena, como si la isla misma quisiera ofrecernos un último regalo antes de partir. Recogimos todas nuestras cosas, era el momento de salir y de la despedida con Teresa. El adiós fue tan hospitalario como su recibimiento el primer día.

Metimos las maletas en el coche y echamos una última mirada hacia atrás prometiendo que esta no sería la última vez.

Antes de llegar al aeropuerto, una cascada de nubes a la entrada del «túnel del tiempo» nos daba el adiós definitivo. Suena poético, pero es que todo en la isla suena así.

Dejamos nuestro coche en el *parking* del aeropuerto como nos habían indicado el primer día y facturamos nuestras maletas. El pequeño pero acogedor aeropuerto hoy acumulaba varias salidas de vuelos. Entre las cafeterías y tiendas de *souvenir* se encontraba un grupo de cuatro chicos cantando. No sabría decir si era la tuna, ya que no llevaban los típicos trajes, pero lo que sí sé es que hicieron la espera mucho más amena a todos los presentes. Entre risas por sus guasas y cánticos, nos despedimos de La Palma sabiendo que las huellas que había dejado en nuestro corazón permanecerían por siempre.

Notas

¿Llevas todo contigo? Antes de cerrar este capítulo,
asegúrate de que cada recuerdo, cada ilusión
y cada detalle estén guardados,
tanto en tu corazón como en tu equipaje

....
....
....
....
....
....

Última foto del viaje

Cierre de viaje: reflexiones y agradecimientos

Así llegamos al final de esta travesía, un viaje que comenzó con la promesa de descubrir la magia de La Palma y que se ha convertido en un inolvidable recorrido a través de sus paisajes y maravillas. Antes de cerrar esta última página, quiero expresar mi más sincero agradecimiento a ti, Álex, y a todos los lectores que han compartido esta aventura conmigo.

Gracias por acompañarme en cada paso, por sumergirte en los encantos de la Caldera de Taburiente, por maravillarte con los miradores de Garafía y por sentir el aire fresco y vivificante en cada rincón de esta isla.

Espero que este diario haya sido una fuente de inspiración y que te anime a explorar La Palma por ti mismo. Esta isla, con su belleza natural y su tranquilidad única, tiene mucho que ofrecer a quienes buscan una experiencia auténtica y enriquecedora. Como viajeros responsables, te invito a disfrutar de La Palma con respeto y cuidado, preservando su entorno para que futuras generaciones también puedan deleitarse con su magia. Si este diario te ha motivado a emprender tu propio viaje, me encantaría escuchar tus historias y ver cómo tú también capturas la esencia de este lugar tan especial. No dudes en enviarme un mensaje a través de Instagram en @mispostalesdevida. Estaré encantada de saber de ti, de escuchar tus experiencias y de compartir más sobre esta maravillosa isla.

Hasta entonces, te deseo felices viajes y muchas aventuras. Que cada destino te brinde nuevas perspectivas y que siempre encuentres belleza en cada rincón del mundo. Con gratitud y buenos deseos,

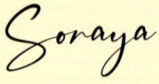

Sobre la autora

Soraya Ramírez (Madrid, 1990) es graduada en Turismo y máster en Periodismo de Viajes. Aunque su trayectoria profesional ha estado ligada a la hotelería, su brújula interior siempre ha apuntado hacia los viajes, por lo que en los últimos años ha enfocado su camino hacia la escritura y la narrativa de viajes. *Diario de viaje: caminos de lava* es su primera obra como autora, nacida del proyecto final de máster que la llevó a recorrer la isla de La Palma tras la erupción volcánica de 2021. Allí descubrió no solo paisajes transformados, sino también historias humanas que necesitaban ser contadas. Afincada en Valencia desde hace más de una década, Soraya es una viajera inquieta y amante de la naturaleza que cree que «el mundo debería quedársenos pequeño» porque, al final, lo único que de verdad importa es que estamos aquí para vivir todo intensamente y dejar que el mundo nos toque.